AF249453

TRAITÉ ÉLÉMENTAIRE

DE

GYMNASTIQUE RATIONNELLE

GENÈVE. — IMPRIMERIE F. RAMBOZ & Ce.

TRAITÉ ÉLÉMENTAIRE

DE

GYMNASTIQUE RATIONNELLE

HYGIÉNIQUE ET ORTHOPÉDIQUE

OU

COURS ANALYTIQUE ET GRADUÉ D'EXERCICES PROPRES A
DÉVELOPPER ET A FORTIFIER L'ORGANISATION HUMAINE,

PRÉCÉDÉ DE LA

GYMNASTIQUE DE LA PREMIÈRE ENFANCE

ET DES VIEILLARDS,

SUIVIE D'UNE ESQUISSE DE

GYMNASTIQUE MILITAIRE

Par P.-H. CLIAS,

Ancien Professeur à l'Académie de Berne,
Ecuyer du Gouvernement,
Ancien capitaine-surintendant des exercices gymnastiques pour l'armée et pour la
marine, au service de S. M. Britannique,
Ancien inspecteur général pour les écoles primaires de Paris.

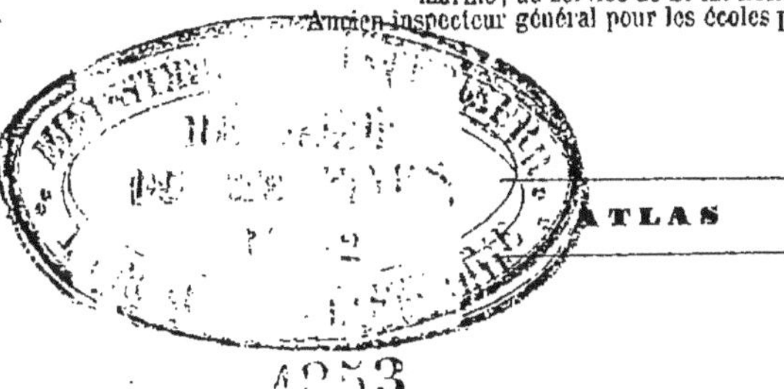

ATLAS

GENÈVE

JOËL CHERBULIEZ, LIBRAIRE-ÉDITEUR,

PARIS

MÊME MAISON, Rue de la Monnaie, 10.

1853

GYMNASTIQUE DE L'ENFANCE.

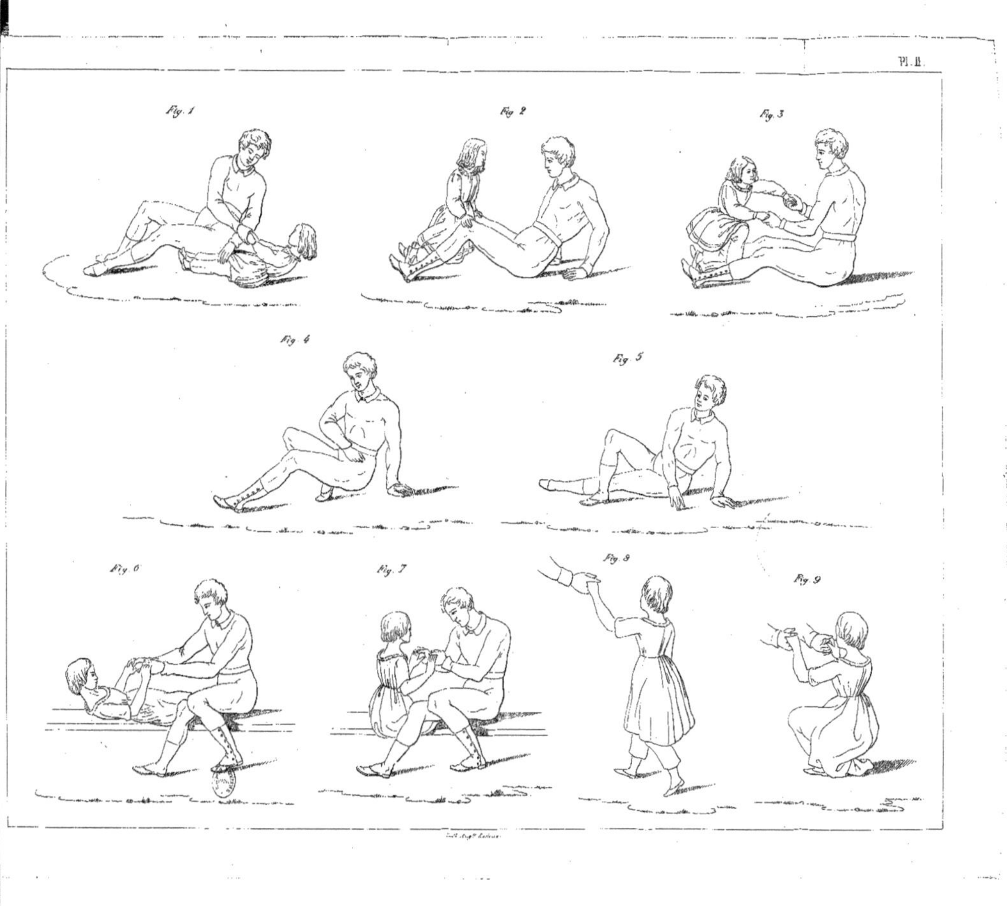

Fig. 1 Fig. 2 Fig. 3 Fig. 4 Fig. 5 Fig. 6 Fig. 7 Fig. 8 Fig. 9

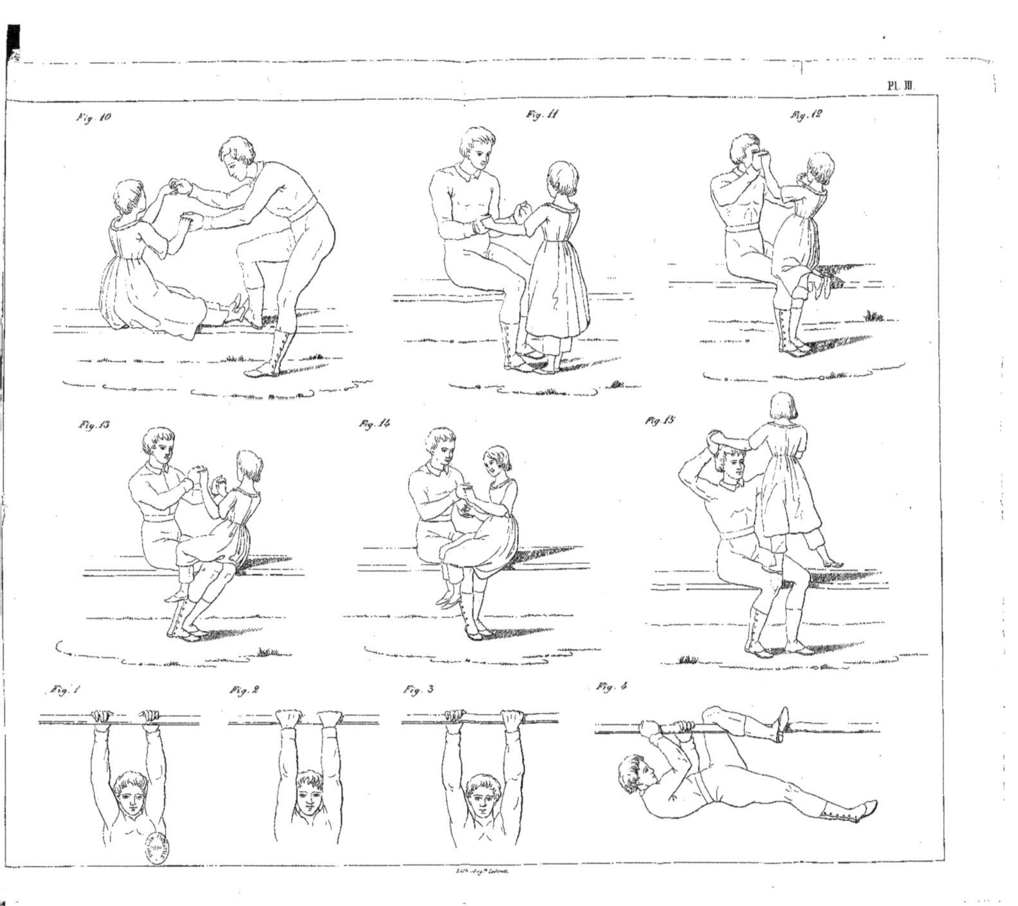

Fig. 10
Fig. 11
Fig. 12
Fig. 13
Fig. 14
Fig. 15
Fig. 1
Fig. 2
Fig. 3
Fig. 4

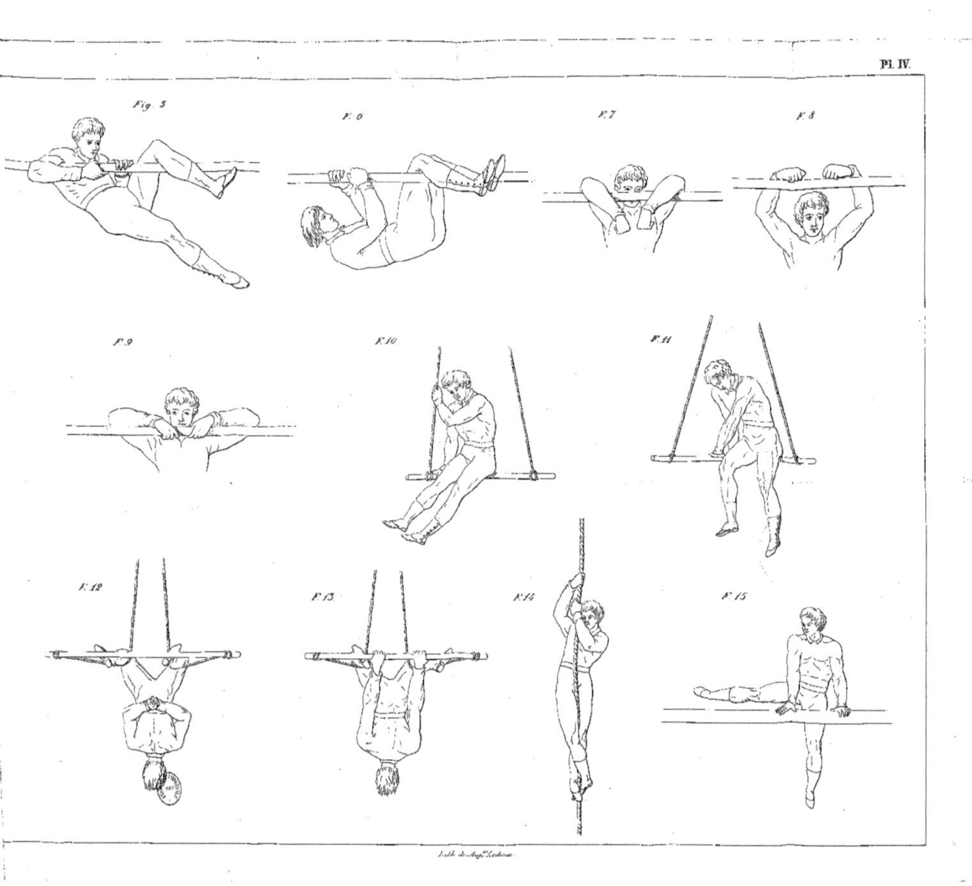

Fig. 5
F. 6
F. 7
F. 8
F. 9
F. 10
F. 11
F. 12
F. 13
F. 14
F. 15

F. 16
F. 17
F. 18
F. 19
F. 20
F. 21
F. 22
F. 23
A

Fig 27
F. 29
F. 30
B
F. 28
F. 24
F. 26
F. 25

Lith. d'Aug.te Ledivain.

Pl. VIII
fig. a
f h
f i
f e
f f
f g
f b
f c

Fig. 1
F. 2
F. 3
F. 4
F. 5
F. 6
F. 7
F. 8
F. 9
F. 10

Fig. 11
F. 12
F. 13
F. 16
F. 17
F. 19
F. 15
Fig. 14
F. 18

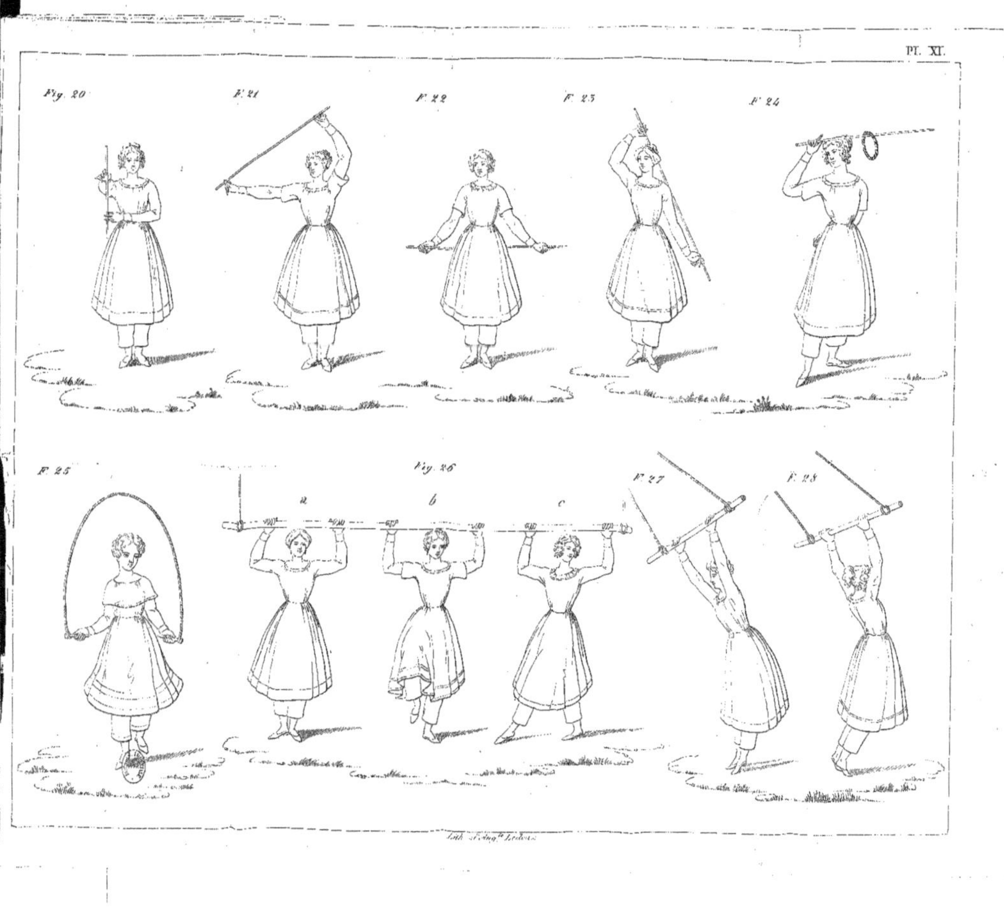

Fig. 20
F. 21
F. 22
F. 23
F. 24
F. 25
Fig. 26
a
b
c
F. 27
F. 28

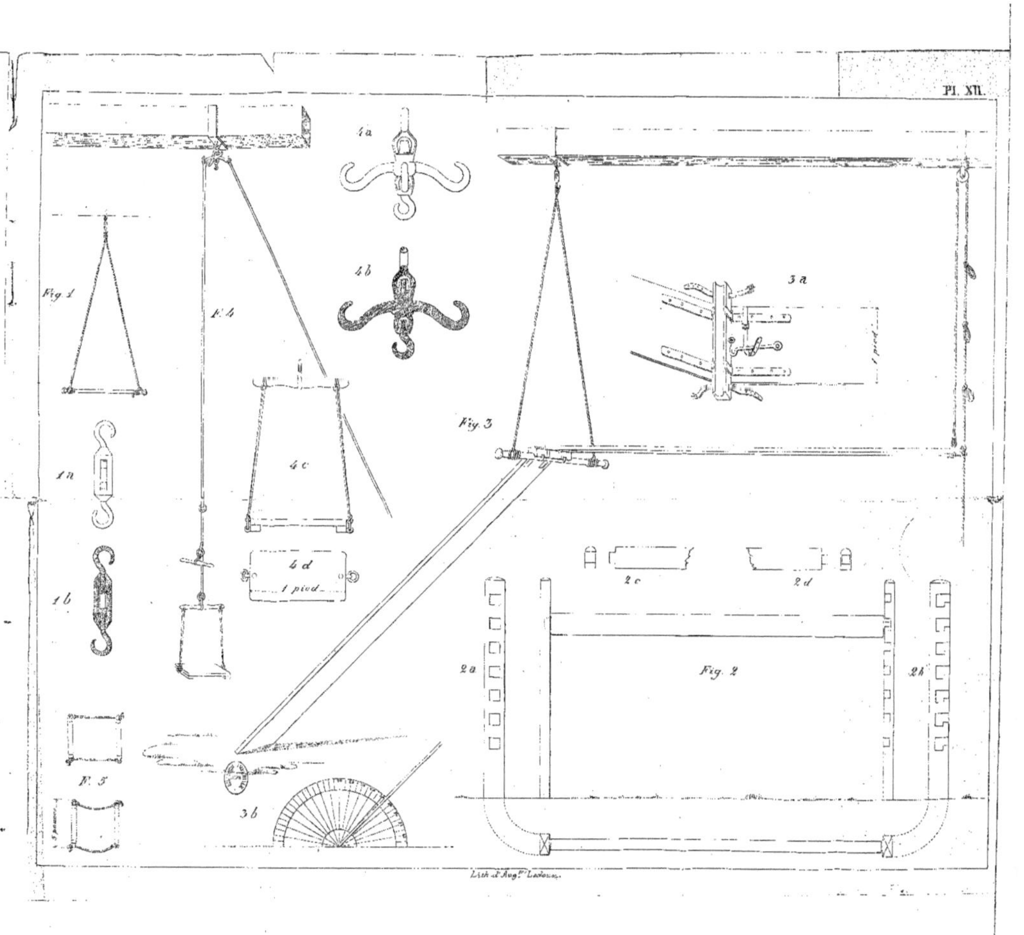
Pl. XII.
Fig. 1
4 a
4 b
3 a
1 pied
Fig. 3
1 n
4 c
1 b
4 d
1 pied
2 c
2 d
N: 5
2 a
Fig. 2
2 b
3 b
Lith. d'Aug.te Ledoux.